Organisches Manifest

*18.05.1970 Bern (Schweiz). Tochter tschechoslowakischer Emigranten. Studium der Rechts- und Wirtschaftswissenschaften an der Karl-Ludwigs Universität in Freiburg i.Br. und in Bern mit besonderem Interesse an der Systemforschung. Zweitstudium am Institut für angewandte Psychologie in Düsseldorf. Aufenthalt in Paris. Ausgedehnte Reisen hinter den „Eisernen Vorhang". 1989 Teilnahme an der „Sanften Revolution" in Prag und Bratislava. Kulturreisen in Brasilien. Marktanalystin sowie wechselnde Tätigkeiten, u.a. als Redaktorin, Dozentin. Lebt in Zürich.

Deutsche Dichterin. Verfasserin vor allem von poetischen Erzählungen, die sich mit Gesellschaftsformen und westeuropäischen Lebensstilen befassen, auch mit dem Nebeneinander von Individualität und Solidarität. Das „Organische Manifest" setzt sich aus vier Gedichtebänden zusammen, die von romantischer Phantasie zeugen. Lupensicht und ein subtiler Humor sprechen aus allen ihrer Werke. Vor allem aber kennzeichnet sie die drastisch – organische Bildgebung.

Organisches Manifest

Mila Banyai

Gedichtesammlung
Band I–IV

Impressum:
Alle Rechte liegen bei der Autorin.
Herstellung: Books on Demand GmbH, Norderstedt.
ISBN 3-0344-0210-4

Inhaltsverzeichnis

Band I

Guckloch zum IHR

(1992–1993)

Das schwere Kreuz eines ehrlichen Mannes

Kreischend gähnt der Tag im kleinen Sonnensaal.
Erläuternd schufften, leckend bücken mit dem krummen
Rücken, kriechend beten bis zum letzten Glockenschlag.

Ein leises Prost dient zum Trost, bis die flaue Galle stösst.
Halb betäubt, dampfend atmend bläst er alle Lichter aus.
Schnarrend wälzt er seine Runden in die dunkle Nacht
hinaus.

Verratene Träume sind wie vergammelte Schäume eines
vollgepissten Dunkelbiers. Dabei schmeckt Malz wie
Ohrensalz und Roggen nach stinkenden Socken.

Die Nacht ist dein! – rasiertes Rattenbein, so krank und
fein. Gelée ist deine Sucht; dünn, fahle Finger segnen dich
mit Wucht. Kohle säubert, Menschen schweigen, verloren
all die Sorgen.

Morgen geht es trotzdem weiter mit viel Eifer.
Das ist das Leben vom kleinen Scheisser.

Fruchtfleisch

Kunterbunte Luftballons
tanzen schwebend um den Baum.
Viele süsse Früchte hängen
an alten morschen Ästen.

So lecker, duftend wachsen sie
besonders bei viel Luft.
Bald jedoch verschwinden sie,
wahllos einer nach dem andern.

Verbleiben tun nur ausgelaugte
Schalen am knöchrigen Skelett;
Verdorrt, vertrocknet, ausgesaugt.
Luftballons übergeben sich am Boden.

Schlaflied

Manchmal will ich brechen.

Brechen mit den alten Wegen,

kotzen bis das Hirn raus fliesst.

Und grüne Galle spucken,

die Gedärme leeren und alles vergessen,

ausradieren und wegputzen,

auf den Müll werfen.

Und dann den Rücken kehren.

Tief aufatmen,

die brennenden Augen schliessen

und verschwinden.

Ich öffne halbverklebte Augen –

was geschah ?

Treibholz

Wasser klar, frisch und sprudelnd,
nahrhaft und besudelnd.
Das Flussbett wiegt mich,
wirft mich hoch ins Blau hinaus.

Wie schön – bedauernswert.
Bergab warten die Täler in Ruh.
Wenn Holz an Stein sich reiben,
ist der Takt zum Tanz geschlagen.

Hörst Du Echo in den Därmen ? –

Wenn Hölzer klanglos schwimmen,
wenn Steine ohne Tränen sinken,
verdunsten stinkende Wasser
lautlose SCHREIE.

Sternschnuppe

Ein Stern ist gefallen,
kriecht dahin;
die Erde durchwühlend,
selbstgenügend,
sucht er den Sinn.

Blind, taub und stumm,
ohne Beine kriechend.
Einfach bedauernswert
Das Leben des Sterns
nach erleuchtetem Flug.

Die Geschichte
eines missratenen
Wurmes.

Gladiatorenchor

Viele Worte füllen leere Köpfe,
die als Echo diese von sich geben.

Dabei braucht es keiner Worte,
um Köpfe rollen zu sehen.

Ich bin taub und sehe gern,
deshalb gibt mir die Axt.

Und lasset mich sehen,
welch Worte aus euren Köpfen rollen.

Die schwarze Hand

Die schwarze Hand hat zugeschlagen, versteckt sich und
kaschiert.

Die Nacht wird zum Tag.
Aus Taten werden Worte.
Und Worte sind dehnbar
wie rosarotes Kaugummi.

Aber ich suche sie und zerr sie zu mir her,
so dass ich weiss, wem sie dient.

Überlastete Regale mit Migräne

Widerhallendes Dröhnen vibriert in der Luft. Fallende Töne suchen den Takt. Der Müllmänner Streik beschert uns die Pest. Doch immun bleibt der Reiche gegen derlei Gestank.

Denn hohe Töne kleben selbstherrlich und beharrlich, wo filtrierte Klänge sie säuselnd besudeln. Ob Auftakt oder Schlussakt der Partie, kümmert Sprossenkletterer nicht.

Nur überlastete Regale, diese bedauerlichen Skelette, winden und beugen sich vor Migräne. Denn langweilige Partien erdrücken ihr Gerippe.

Verreckte Blumenschatten

Vertrocknetes Blutgerinsel in Fransen an der Nase
angeklebt. Den Boden berührende Nüstern. Schlaffe Masse
fast vollständig versunken im stinkigen Morast. Glasige
Augen ausgestülpt und ewig glotzend.

Assgeier, unersättliche Viecher, brechen die Stille,
erschlagen mit ihren zerfetzten Flügelfedern die Leere.
Krallen verkrampfen sich und werden nie,
nie loslassen.

Tag, nacht, morgen, abend, gestern.
Nichts und niemand spielt.
Spielt keine Rolle mehr,
denn sie sind alle verreckt.

Paradebeispiel

In Reih und Glied zu gehen,

gilt uns als Gebot.

Wer es wagt zu stehen,

oder gar Freude daran zu sehen,

wird mit Blicken des Vorwurfs attackiert.

Und er wird kein zweites Mal mehr wagen herauszuragen.

Und doch gibt es Pferde im Geleit,
die mit Force rebellieren

und mit herzvollem Mut,

nicht selten auch galoppierender Wut

den prunkvollen Gang erschufften.

Es ist anders als anderswo,

dadurch erst,

wird es denn auch so.

Schlachthof

Menschlich zu bleiben

wird man oft ermahnt.

Doch zu unserem grossen Staunen,

ist eben dieser Spruch

das Zauberwort für die schnelle Flucht.

Die Maus–

raus aus dem Haus

Der Elefant–

trampelnd weg vom Urwaldrand

Und der stumme Fisch–

geschwinde in die Tiefe hinab sich zieht,

damit nicht auf dem Tische er sich sieht.

Stallgeflüster

Gepfercht, verstaut, versaut. Es stinkt.

Aber die Würstchen, die schmecken gut !

Ausgezeichnete Hausmannskost, jeden Tag.

Frische Nürnberger.

Platte Hamburger.

Besonders lange Wienerli.

Und alles fast umsonst.

Schnell beweg dich, nur noch um die runde Ecke.

Und dann ?

Essen, essen, essen,

fressen bis die Scheisse kommt.

Uwe Haurechtdrein

Besonders begabt.
Besonders begabt war ich nicht.
Besonders begabt bin ich nicht.
Wozu soll ichs sein ?
Dazu muss ichs nicht sein.
Ich machs, ist doch keine Frage.

Mann, bin ich schön !
Die Fresse strahlt,
die Pauke dröhnt,
der Alte säuft,
die Laune steigt,
die Glatze sticht.

Die Ordnung wieder hergestellt.

Bäume

Ich lief,
verrückt vom vielen Wind
in die Tiefe des dichten Waldes.

Ich schlief,
bedrückt durchs leise Lied
einen langen schrecklichen Traum.

Ich blieb,
obwohl ich sprang
immerzu am selben Orte.

So kam es,
dass ein neuer Baum im Walde
nie die Lichtung sah.

Umstände

Der missratene Sohn, der an der Kuh im Stall sich vergreift,
brüllt die Kehle sich wund beim Treiben. Schweiss und Kot
durchmischen sich, Gottes Kreaturen stinken beim Akt.

Doch als der Samen das Ei durchdringt,
erhellt ein Sternschnuppenschweif den Himmel im Dorf.
Unerklärte Wege nehmen die Wunder der Erde. Ein Kind
wird geboren im warmen Stroh. Mischlings ungewöhnliche
Augen belugen den Täter.

Drei Gelehrte betrachten das Wunder.
Erbringen Erlösung,
dem Sternchen in Menschenhaut.

Band II

DU triffst mich

(1998–1999)

Tangonacht

Wie sehr wart ich auf,

dass mir Flügel wachsen,

dass ich endlich erwachsen werde,

dass ich den Tango erlerne,
der mich durch die Nacht geleitet !

Weisheit erlern ich mir im Gleichschritt der Musik.

Leichtigkeit ergibt sich aus Erfahrung.

Fröhlichkeit birgt leichtsinnige Neugierde in mir

über noch zu entdeckende Gebiete des ernsten Schritts.

Farbe rot in Knospenform

als Zeichen unvollkommener Norm

haftet am Antlitz mir,

dass Du mich erkennst als deinesgleichen.

Leichtsinnig summ ich für mich die Melodie.

In Melancholie wart ich auf Dich.

Vergesse die Trauer um mich

und erlege dem mässigen Rhythmus,

um zu erleben den nächsten Schritt.

Seidenschleier

Ans Herz gewachsen bist du mir.
Anerzogen hast du dir das Blümlein,
das sich nennt und fühlt behutsam
in mir drin
F R E U N D S C H A F T

Bis die Hexe auferlegt den Bann
über unsere Bande.
So alt und durchtrieben
weiss sie deine Gedanken leer zu fegen.
Hinter ihr nur Russ und Schwefel.

Die Höllenbrut will überleben,
will sich erquicken an jungem Blut,
das noch heiss wie Glut,
erwidert die Begierde der
L E I D E N S C H A F T.

So steh ich da inmitten einer Meute,
die aus ist für Beute.
Allein leid ich kreidenweiss
umhüllt vom Kleid der Eifersucht nach
L I E B E.

Thai Food

Schreite voran gehobenen Hauptes.
Schau nach deinem Ziel.
Das Ziel ein Traum in mir,
der auftaucht
gleich der Fata Morgana
im Wüstenland.

Greif nach der Vision
im Niemandsland,
die dir bestimmt.
Durst erlischt mit jedem Schritt
In Richtung Ewigkeit.

Wenn ich nur vergessen könnt,
die halb zerkaute Chili – Schot
auf Zunge und im Rachenschlund.
Brennend heiss, das Blut in mir.
Der Dampf steigt aus den Poren.
Wasser, Wasser, schreit es in mir !

Eingedrückte Fussstapfen bahnen sich zum Wasserklo.

Weihnachten 1997

Weg mit dem öden Frass,

schmierigen Gesöff und dem Gestank.

Heute füllst du Magen und auch Birne
mit Gericht und Trank.

Klamotten die verrotten sind verboten,

aber nicht zu verspotten.

Eltern schwelgen sich in Ihren Welten

ohne zu schelten,

so dass das Dichten beim berichten

ohne Schmerzen von der Zunge klebt.

Oh Weihnacht !

So heiss mein Herz

Bei innerem Schmerz

So kühl die Nacht

Bei äusserer Pracht.

Wenn Andacht bald mit Ach und Krach
den Weg frei macht für Gelassenheit und viel Spass,
dann kleiner Bruder ist heilige Nacht
und Geschenke warten irgendwo versteckt.
Sei fein mit mir und gib sie mir!

Tanzschritte

Fanfaren schallen im weiten Saal
voll schöner, glücklicher Menschen.
In heller Pracht das Licht vom Luster schillernd,
der Ball eröffnet.

Vergnüglich schwebst du leichten Schrittes,
Schickeria haucht dich an
und Champagner kräuselt dir ein Nasenhaar.
Beschwipst bleibst du weiter in Bewegung.

Der Schritt zum Tanz in Gleichbewegung
mit dem Rhythmus des Geplauders.
Willst du mehr des Eliksiers ?
Wirbelnd fegst Du berauscht dahin,
Gleichgewicht gerade noch in beiden Taschen haltend.
Bis ganz ungleich dir erscheint
dein Tanzschritt zu den andern.

Erschreckt versucht Du auszuwiegen,
bis vor lauter biegen dir die Wirbelsäule kracht.
Vorbei das Vergnügen.
Kriechend zum Ausgang, dem Erdboden gleich –

unwürdiger Tänzer muss sich übergeben.

Gnome

Du hast mich zum Menschen gemacht,
mit einem Herzen in der Brust,
das einen anderen liebt.
Verlassen hast Du mich – das schmerzt.

Soll ich nun glücklich sein oder weinen.
Mensch geworden, auserkoren
wie Jesus von Nazareth.
Gepeinigt begeh ich den Kreuzgang jetzt.

Ein kleiner Gnom schlich durch unbekannte Wege
und wütet im Zentrum der Gefühle.
Er knetet mir das Herz mit voller Wucht,
pfeift dabei, dass mir die Ohren sausen,
rülpst, dass mir der Schädel brummt.

Manchmal ist er erschöpft.
Das Herz ganz weich geschlagen gibt er Ruh.
Bis er ausholt zum nächsten Sturm.

Die Zeit nutz ich, um zu eliminieren,
was mich macht zu Gottes Geschöpf.
Im Schlaf überrasch ich ihn, den bösen Wicht.
Den Tod durch Ertrinken bring ich ihm,
noch dazu vergiften will ich ihn,
damit für immer er verschwindet.

So sauf ich, schlürf ich roten Wein,
bis ich huckehackevoll.
Die Dosis muss ihn killen,
lall ich vor mich hin.
Dann kotz ich
und suche nach der Leiche eines Gnoms.

Ich weiss noch nicht – wer hat gesiegt ?

Der Fahrplan

Wann, nimmt das ein Ende

GOTT

Wann, nimmst Du mir meine Zweifel

IM HIMMEL

Wann, finde ich Frieden für meine Seele

AUF ERDEN

Wann, finde ich Antwort auf Fragen

DES HERZENS

Der Filmstar

Die Lichter auf mich gerichtet,

reflektiere ich den Ruhm.

Ich beobachte mich seit Jahren

                im Spiegel,

                auf Fotografien,

                im Fernsehen,

                in Magazinen,

                auf Parties,

                im Kino,

bei Arbeit und Vergnügen,

von guten wie von schlechten Seiten.

Wüstenmaus & Co

Meine Tränen so salzig,

                    spiesen das Meer

Mein Blut so rot,

                    verfärbte das Licht

Mein Herz so heiss,

                    verbrannte die Erde

Mein Schrei so laut,

                    erfüllte den Raum

Mein Willen so schwach,

                    erschreckte das Leben,

summte die Wüstenmaus aus tausendundeiner Nacht.

Roter Mund

Lippenstift aufgetragen auf wulstige Rundungen.

Glänzend – rot – verführerisch.

Geschmeidig – weich – wohllüstig.

Lockend – warm – anziehend.

Fängt er meinen Blick

Wölkchen in Form von Linsen geraten in Bewegung.

Jedes für sich allein.

Gemeinsam im Rhythmus ohne Takt

Es entsteht ein Loch mit Sog

und zieht mich in den Schlund hinein.

Sie frisst mich auf.

Die Vagina Dentata.

Gummiball

Dein Leben ist wie ein Gummiball:

Du wirfst aus reiner Freude.
Du wirfst zielgerichtet.
Du wirfst fast ohnmächtig.
Du wirfst mit Wut im Bauch.
Du wirfst aus Verzweiflung.
Du wirfst mit letzter Kraft.

Sei versichert,
der kleine Gummiball teilnahmlos ohne zögern
kommt zurück.

Solltest du ahnungslose Seele
schon vorher sterben,

sei versichert,
der kleine Gummiball teilnahmlos ohne zögern
findet dich.

Solltest du schlaues Kind
schon vorher in Deckung gehen,

sei versichert,
der kleine Gummiball teilnahmlos ohne zögern
überrascht dich.

Er kommt zurück.
Er findet dich.
Er überrascht dich.

Liebesgesang

Ich liebe,

    was ich selber nicht bin.

    Darum schleicht der Neid sich ein in mein Herz,

    verdrängt die Liebe und schwängert das Herz.

Und es zerrt am Herz die Liebe und der Neid

zur gleichen Zeit.

Ich hasse,

    zu sein was ich nicht bin.

    Darum verfluch ich mein Herz vor Kummer.

    Und dieses zerspringt sogleich in Trümmer.

Jetzt summt der Motor

einer ausgedienten Maschine in meiner Brust.

Band III

ICH lebe

(2000–2001)

Schlangenhaut

Wessen Leid lebe ich ?
Wessen Fesseln schnüren mich ?
Wessen Leben leide ich ?

Gott, Allmächtiger,
die Zeit, sie fliesst.
Manchmal schnell, manchmal gemächlich,
jedoch unaufhaltsam davon.

Willst Du sehn mein Blut,
wie unaufhaltsam es fliesst,
während es versteckt die Seele erwärmte, während Leben
erwärmte mich?

Es naht der Frühling,
bringt Wechsel in mir drin.
Bis Vergangenes ich von mir streife
wie Schlangenhaut.

Inselvolk

Lasst uns tanzen, singen, lachen, beten, dass unbemerkt die Zeit vergeht. Zeit, das Mass lebender Dinge schneidet sich ins Fleisch hinein. Bemerkbar im Spiegelbild, das dich belugt, wenn Bestätigung Du ergattern willst für deinen Weg in Sinnesflucht.

Dankbar wähnst Du Dich, wenn der Fluch der Weg zur Flucht und Flucht der Schritt in die Unendlichkeit, wie nur der Gedanke in dir ersehnen mag. Malträtierend schneidet auch er sich in dein Fleisch hinein, bis du ohne Ausflucht inmitten fremder Leute stehst.

Weiber tanzen,
Männer saufen,
der Blöde lacht
und Du wartest,
dass es endlich kracht.

Freiheit und Liebe

Warum zelebrieren wir nicht die Liebe, die uns seit Dekaden bereits verbindet. In natürlicher Umgebung, die das Atmen dir erleichtert, und entschlüpfen den versteinerten Gärten. Erfreuen wir uns den Sinnen, wenn noch beisinnen wir sind und folgen dem Adler, der über uns wartend seine Kreise dreht.

Setzen den Fuss auf Boden ohne Sohle, beschreiten das eroberte Land, Verlassen vorgegebene Wege, freuen uns des Regentropfens Fall. Nehmen was Gott uns gegeben, Freiheit und Liebe !

Siehst Du das Grün der Blätter, die rauschen im Winde, wenn Du horchst in dich hinein? Hoffnung Veränderungen zu vollbringen gibt dir allein die Farbe. Suchend begibst du dich auf Wege, die weisend sind für Schicksal und Behagen.
Findest Blätter auf deinem Wege, nur Zeichen der Vergangenheit. Doch Knospen spriessen in dir drin, Veränderung herauf beschwörend.

Das Herz des Bombenlegers schlägt stetig und befriedigt, wenn du quälst den Verstand. Irenvolk: Inselleben, Entrinnung wünsch ich mir. Im Aug' das Grün in mir tragend schau ich die Welt Hoffnung tragend.

Zeitreisender

Zu Staub werd' ich hier.
Aus Staub entstand ich hier.
Vergangene Zeit von mir schüttelnd,
erwach ich zu neuem Leben.

Die Hülle inspirierend,
um den Weg erneut zu gehen,
den ich vor langer Zeit verlassen.
Das Herz in mir ganz ungestüm,
es schlägt wie tausend Pferdehufe.

Die Reise, die ich ging, ward' beschwerlich.
Als wäre Freiheit plötzlich eingesperrt.
Doch Gedanken leicht wie Taubenschlag
umhüllen Kopf und Glieder mir.

Aus Staub entstand ich hier.
Zu Staub werd' ich hier.
Zeit allein bleibt dazwischen mir,
um voran zu treiben den Wechsel zum Licht.

Wenn die Hüllen fallen,
ertönt eine Symphonie bereuender Tränen.

Mongolengesang

Meine Augen haben sich nach innen gerollt,
als wollten sie schauen, wie ein schwaches Hirn einschläft,
wo steht geschrieben die Geschichte
der drei Gebrüder des Stammes der Mongolen.

Klein gewachsen stümperhaft
Ritter dürstenden Herzens.

Philosophisch aus den Kleidern fallend
kollabrierender Seiltänzer.

Reich mit Haarpracht bedacht
abendlicher Prophet im Pilzkopflook.

Sie kamen daher geritten aus dem Wüstenstaub,
das wolkige Schiff verlassend um zu bestehen
die Prüfungen der Göttin Erde,
die geduldig auf ihre Taten wartet.

Tapferen Herzens, Verbündete,
durchwühlen sie das noch unentdeckte Reich.

Säbel rasselnd, Zähne knirschend,
setzen sie zum ersten Schlag.

Mongolenerbe in sich tragend
stampfen sie auf unberührtes Land.

Diese Vision schauten meine Augen,
die gerollt nach innen geblickt.

Leibspeisen

Lichter gehen aus.

Verschwunden aus den Augen aus dem Sinn.
Wie der Sahara verwischte Spuren nach dem Wind,
blies es mir entgegen und beraubte mich des Sinns
zum überleben.

Bis ganz nah vor meinen Augen
mir ein Spinnenbein Gelenk sich streckt entgegen.
Mit Hohn hält das Vieh versteckt im Leib den Willen
zum leben.

Phantomas

Ich will raus aus dem muffig kleinen Haus.
Sehen will ich die Welt, beäugeln und erleben.
Riechen will ich feinste Sorten schimmelnden Käses.
Erschrecken will ich Gäste berauschender Feste
mit fahlem unwirklichem Blick.

Finden werde ich meinesgleichen, da draussen,
irgendwo und überall.
Empor steige ich das Podium des Geschehens als
Phantomas, der Maus.

Doch ohne Offenbarung findet Phantomas
den Ausgang nicht vom kleinen muffigen Haus.
Und ohne Schlupfloch bleib ich was ich bin –
die graue verfressene Maus in deinem Haus:

Panto-minimaus.

Baba

Meine Tränen

        speisen den ganzen See,

        bis der Meeresspiegel sich erhebt.

Meine Verzweiflung

        bricht Wolken,

        die vollgetränkt mit Liebe zu dir

        schwebend über uns.

Meine Schreie

        erschrecken jenen Morgen,

        der erfüllt mit Hoffnung

        unendlicher Momente mit dir.

Meine Sehnsucht

        nach dir lässt Erde erbeben

        bis ohne Kraft ich schau der Schwalbe

        entgegen, die dich fortträgt

Gott entgegen.

Wortgeburt

Die Geburt des Wortes – oder von der Verbundenheit des
Kochtopfs mit dem Magen.

Tief dröhnt der Magen, wenn mein Suppentopf gefühlvoll
brodelt. Brodelts länger als das Kochbuch schreibt,
entgleiten Blasen aus der Magengegend.

Entlang den Kegelbahnen gleiten Kugeln vom Rachen in des
Mundeshöhle, wo sie gelandet wie kreischende Kinder nach
wilder Rutschfahrt in ruhiges Gewässer.

Die runden Wämse nicht ertrunken stülpen sich ächzend,
knallig rote Ringe über ihre fetten Ärsche bis das Gummi
quietscht.

Dem wulstig runden Mund entschwunden ist ein Wort, als
Lippen sich verformten und aus Luft der Ton entstand.

Das Wort geboren aus der Magengrube, die der heisse
Suppentopf gebrannt. Die wiederum fallen in den Kochtopf
eines andern, dessen Suppe brodelt. Solche Worte können
heissen:

SCHEISSE
HURE
NIETE
SCHLAPPSCHWANZ
UND DERGLEICHEN.

Schlaraffenland

Ich lebe.

Wenn interessiert's ?

Ich lache.

Wen erquickt's ?

Ich weine.

Wer fühlt sich betroffen ?

Ich denke.

Niemand !

Ins Niemandsland begeb ich mich, Welten eröffnen sich mit der Gier nach Neuem. Die Reise ermöglicht mir die Kraft in mir, die heisst Maggie.

So schlürf ich sie – die Suppe, die mir schmeckt und frag, wann nimmt dies ein End. Anstatt zu kochen, was mir erwärmt den Magenschlund.

Tarantala

Behaarte Beine
tragen mich flink durchs Gebüsch.
Auf der Lauer steh' ich,
und wart' auf dich.
Junger männlicher Wans ohne Glanz.
Und doch diktiert mir die Natur
dich zu fangen.

Die Stimme einer Nachtigall
erträumst Du dir,
dabei ein Hauch von Rauch.
Beine einer Gazelle schlank und rank,
geschmeidig umschlingen sie dich
und erwürgen dich.

Regentropfen

Was bin ich ein armer Tropf.
Vom Himmel fallend,
immer dünner werdend
erreich ich Konsistenz
verlierend nichts.

Um nichts reicher oder ärmer,
nur leichter fall ich mit jeder Sekund',
ohne dass es mir Erleichterung verschafft.
Versinkend immer in dichtere Sphären
der materiellen Welt.

Band IV

WIR überleben

(2002–2003)

Schmetterlinge

Ein Bund voll Blumen schenk ich Dir
für die leidigen Tage mit mir.
Umnebelt seist Du durch Aromen des Urwalds, dessen Laub
verbirgt Geheimnisse von Dir.
Den Atem erkennst du aus längst verblassten Tagen.

Doch ein Urschrei durchdringt das Dickicht zu dir.
Muscheln fangen die hallenden Töne
und leiten dir den Schall ins Gebein.
Es vibriert und erhitzt das Gemüt,
dass die Ohren erröten.
Wie auch weisse Rosen sich verfärben
durch Berührung mit dir.

Stinkende Herzen

Dein Herz in Scheiben schneid ich mir.
Verschlinge Stück für Stück ganz roh vor Dir.

Es schmeckt.
Beherzt rülps ich vor mich hin.
Versucht hab' ich es später
mit frittieren, kochen und grillieren.
Doch dabei heraus kam nur Gestank.

Drum nehm ich dich ohne zögern,
erspar mir Arbeit und Gebaren mit Verfahren,
die das beste Stück dann doch nicht feiner braten.

Hauch

Es war einmal ein Menschlein klein.
Ganz nackt und kahl rasiert
starrt es sich an.

Haarwachsend, kleidertragend, sprechend,
denkend atmet es vor sich hin
und lernt, was das Leben ihm so bringt.

Ideen adaptierend, Regeln formulierend
schafft es seinen Sinn.
Unverfroren stellt es sich dann vor Dich hin,
haucht Dich an und wartet.

Du hingegen siehst nichts, fühlst nichts,
wartest nur, und fragst dich
warum das Leben Dir so stinkt.

Auen

Wie ein alter Kriegsveteran kommst du mir vor,
der noch nicht wahrhaben kann,
dass die Schlacht längst vorbei.

Trotzdem kämpfst du weiter um verlorene Welten.
Geister halten dich zum Narren,
spielen ein verworrenes Spiel.

Der Krieger schrie aus vollem Hals voll Hass
gegen die Schwadronen der Nacht.
Säbel aus dem Kaftan ziehend,
schnaubend, bereit zum ersten Schlag
sieht er dir in die Augen und hält inne,
denn dein Grün ist wahre Wonne.

Dein Schicksal hat sich gewendet.
Des Kriegers verdrehter Sinn erblickt die Aue.

Spieglein

Spieglein, Spieglein an der Wand,

du öffnetest mir das Fenster zum ich,
hieltest mir ein Bild vors Gesicht,
und was ich sah erschreckte mich.

Die Unvollkommenheit in mir grinste,
überwältigte das Gewissen,
welches mein Herz in Stücke zerriss.

Der Stolz nun klein,
weint versteckt im Loch der Reue.
Doch dankbar zeigt sich der Verstand,
da die Wahrheit ihn zur Welt gebracht,
und Verständnis erbrach für viele Dinge.

Der beschämte Geist
lässt den Körper in Tränen erbeben,
weil der Stolz, sein Freund,
dem Loch ergeben.

Stierkampf

Du begabest dich in die Arena,
den Stier gestochen und herausgefordert,
siehst du ihm ins Auge.
Schnaubend vor Erregung,
blutend noch vom letzten Kampf,
steht er da, der Stier, und wartet.

Die Morgenröte flötet stets
das Lied von gestern.
Morgens schau ich in die Zukunft.
Dabei entsinn ich mich,
welch Zukunft ich mir erdacht.
Es ist die Zukunft vergangener Tage –
unvereint mit dem Traum,
aus dem ich grad eben erwacht.

Beides sind Welten;
der Erwählten und Entbehrten.
Es ist ein Geständnis,
da im Stierkampf die Sinne beisammen
erst das Leben erwacht.

Morgens stets vermiss ich dich.
Ich weiss nicht einmal,
ob du damit belastet.
Doch musst Du es wissen.
Zu kostbar ist der Stierkampf mir.

Skorpion

Dein Wesenszug, die lauwarme Nacht.
Leichten Fusses betastest du,
stets der Sicherheit bedacht,
die lauwarme Nacht, die Du erdacht.

Gefühllosigkeit, merkst du sie?
Ist es die Angst jemand zu verlieren,
die Zuneigung eines anderen zu missen,
wenn du die Wahrheit fühlst
und doch nicht aussprichst.

Zeitbombe

Das Herzchen pocht in der Brust,
es hüpft, regt sich und bewegt sich.
Du siehst es nicht, du spürst es nur,
das zittrige Ding.

Am rechten Platz,
ist es dein grösster Schatz.
Doch es windet sich,
schiebt umher die Wände mitten drinn.
Es zappelt unstet.
Dieser Winzling wird zum Unding.

Es ringt umher wie ein Wespenheer
und sticht bis du erbrichst.
Das Herzchen klein, einst so fein,
nimmt so viel Platz nun ein.

Woher, denn nun die Energie?
Es ängstigt sich das Rosading
vor des Messersschneide.
Scheibe um Scheibe zerstückelt,
das bei Laibe ist des Herzens Schreck
vor Messersschneide.

Nun weißt Du nicht, was tickt !
Leichenschweiss umgibt mich.
Kreideweiss mein Antlitz im Sternenblitz,
wie ein grosser Witz.

Rasenmähermann

Ein Rasenmähermann schneidet saftig grünes Gras.
Es riecht,
erfüllt die Luft im Sonnenschein,
besetzt die Sinne mit dem Duft der Erde.
So wünschst du dir das Leben.

Stattdessen hörst du,
siehst du,
riechst du,
fühlst du,
was Versuchung sich nennt,

Und rennst dem Leben hernach,
das du bloss ersinnen magst,
und nicht wirklich zu leben wagst.

Knoten

Ein Knoten im Faden – dem Lebenspfad.
Ich schieb ihn vor mich hin, das ging,
bis dass der Pfad nach aufwärts schwing.

Da steh ich nun, stark genug
den Pfad allein zu gehn,
doch mit dem Knoten bleib ich stehn.

So sprich mit ihm, dem Knoten,
dass er zur Last dir hing.
Doch zur Lösung fehlt der Lebenssinn,
die Sicht vergangener Ding.

Da glotz ich vor mich hin
und überlege mir das Ziel,
das hinführt zum tieferen Sinn.

Ist es Beziehungsangst,
die mich fernhält, dass ich mit dir schlafen, essen, gebären
will und doch gespalten bin?

Ist es Beziehungsangst,
die mich fernhält, dass ich mit dir fühlen, leben, erleben
will und doch gespalten bin?

Ist es der Rahmen,
der mich schützt vor Chaos
und doch den Atem einschnürt?

Ist es der Rahmen,
der mir raubt den Sinn für Wahnsinn
und doch mit Unsinn ertränkt?

Da steh ich nun mit Knoten,
der sich nicht lösen will.

Freunde

Meine allerwertesten Freunde!

Die Zeit fliesst, fliesst davon,
nimmt uns Kraft, auch manchmal Freude,
doch Freunde bedeuten Unteilbarkeit in Ewigkeit.
Betrachtet die Momente als göttlich und wirklich,
so steh ich hier, und nenn Euch beide dankbar Freunde.

Welch Henker erbärmt sich mich!
Welch Gräber erfreut sich mich!
Welch Wurm erlabet mich!
Welch Licht vereinnahmt mich!

All Fragen erkotzt mir der Bote des Todes
zum Frühstück im Ritz ohne Fritz,
wenn der Engel schlägt seine Flügel,
und erwürget mich !

Vergebt mir, und trauert nicht.

Gewissensbisse

Tag der Wahrheit und Offenbarung.

Ich will Dir alles erzählen über mich. Will dir Klarheit schaffen und Sicherheit geben, in den Schritten, die mich betreffen. Sag mir ,wann wir uns das erste Mal begegnet, wann wir uns das erste Mal bemerkt. Kennst du Zeit und Ort? Nur wage erscheint es mir, denn kennen tu ich dich schon lange. Die Würde, der ich begegne mit dir, die Feinheit der Gesten, der ich erlege mit dir! Alles Indizien der Wirklichkeit in Ewigkeit. Es dürstet mich nach ihr. Doch wissen musst du, bevor du trinken willst vom Siegeskelch! Die Gewissheit verschaffen will ich dir, denn entscheiden musst du dich.

Hin und her gerissen bin ich im Geist, der mich fährt. Denn wohl fühl ich mich im toten Geleit. Erfahrung begleitetet mich im Geist, und Erfahrung würget mir die Kehle. So verbrachte ich seit Jahren im Graben, der mich umschlingt. War ich deutlich und wirklich? Kannst Du essen und schlucken, was ich dir zum Mal gebracht? Bekenn dich, und sprich !

Einmalig bist du, mit dem fahlen Blick, mit dem feuchten Schlick. Vieles bereu ich hier, wenn ich nicht mit leerem Magen nur dich ersicht. Das Herz, es schlägt für dich. Der Verstand erlangt den Stand, dass ich mag, was ich seh, nähmlich dich. Vergiss, Gefühle, die ich für dich ersinn. Und doch erwünsche ich von dir Antwort und Erlösung.

Die Momente mit Dir erlebe ich als wahrlich und herrlich. Dein Atem erwärmt mich, deine Augen erleuchten mich. Selber weiss ich nicht, wie ich mich verhalten soll. Doch erfreue ich mich, über alle Zeit, die ich verbringen soll mit Dir, wenn ich ansetz' zum letzten Biss.

Spinnenfrau

Dein Atem belebt mich.

Dein Blick umwirbt mich.

Deine Umarmung erwärmt mich.

Deine Worte umnebeln mich.

Ich liebe Dich.

Nutze die Zeit,

die du mit dir verbringst und beherrsche sie,

denn versklaven tut dich nur der Rausch vom

Zigarrenrauch.

Und das wär schade um die Spinnenfrau mit Netzformat.

Das ist ein aufrichtiger Rat.

Verliebte Hühner

Vom Suppenhuhn und der Fee

Hysteria nervosa: ein Suppenhuhn, das kopflos im Kreise herum flattert, bis dass der letzte Tropfen Blut herausströmt. Übrig bleibt ein Huhn, das darauf wartet gerupft und gekocht zu werden, um sein Dasein würdevoll zu beenden. Nur da geschieht eben nichts. Also steht es wieder auf und macht sich auf den Weg den Kopf wieder zu finden. Vielleicht war es gar kein Suppenhuhn, sondern ein Lege- oder Freilandhuhn. Das gefiederte Wesen steckt in einer Identitätskrise. Wie soll es sich verhalten?

Normen geben den Dingen einen Rahmen und setzen dem Chaos Grenzen. Welches Bild im Rahmen am besten gefällt, hängt von der Gesellschaft ab. Leute können sich in guter oder schlechter Gesellschaft befinden. Aber keiner fällt gerne aus dem Rahmen. Gesellschaft lässt sich jedoch ersuchen!

Deine Gesellschaft will ich auf keinen Fall missen.

Der graziöse Gang, der wiffe Blick,

das edle Herz und kitzelnde Verstand.

So erscheinst du mir im Morgentau

ganz nah und doch so fern.

Beim nächsten Halt verwandelst du dich,

und blickst ganz scheu,

bis dass die Gazelle dem Dickicht weicht

und über die Wiese springt.

Ein Augenblick nur,

und Wald umgibt Dich wieder.